빛은
허공에서
빛난다

빛은 허공에서 빛난다

김응길 제14시집

초판 1쇄 발행 2026년 1월 1일

지은이 김응길
펴낸이 장길수
펴낸곳 지식과감성#
출판등록 제2012-000081호

교정 이주연
디자인 윤혜성
편집 윤혜성
검수 정은솔
마케팅 김윤길

주소 서울시 금천구 벚꽃로298 대륭포스트타워6차 1212호
전화 070-4651-3730~4
팩스 070-4325-7006
이메일 ksbookup@naver.com
홈페이지 www.knsbookup.com

ISBN 979-11-392-3010-9(03810)
값 17,000원

• 이 책의 판권은 지은이에게 있습니다.
• 이 책 내용의 전부 또는 일부를 재사용하려면 반드시 지은이의 서면 동의를 받아야 합니다.
• 잘못된 책은 구입하신 곳에서 바꾸어 드립니다.

빛은
허공에서
빛난다

김응길 제14시집

지식과감성#

서시

혼자서도 잘해요

끈에 매달리든지
끼에 기대든지
깡으로 승부를 걸든지
무언가 잡아야
빛을 내는 사람들

해도 달도 별도
무수히 산란하는
자연의 빛은
혼자서 잘 놀아요
허공하고

회자膾炙*되지 않더라도
스스로 선택한 이 길을
변함없이 걸어간
시인으로 기억되고 싶어요

---

* 널리 오르내리다

목차

제1부 빛은 허공에서 빛난다

제2부 꽃씨

제3부 들꽃

제4부 나무의 여행

제5부 소년의 시간

제6부 가만가만 다가가요

제 1 부

빛은 허공에서 빛난다

빛은 허공에서 빛난다

도시의 건물 숲에서
숨이 막혀 죽어가는
어느 부잣집 담장에 막혀
산란되어 버리는
그 많은 빛의 자유여

하늘을 바라보면
열려 있는 허공
막힘없이 나아감이여
자유는 고개 드는 자의 것
허공에 빛나는 빛이다

사과謝過

잘못을 저지른 사람이
아끼는 사과를 건네며
비우는 일도 어렵지

사과를 받은 사람은
풋사과를 먹고 소화시키는
시간이 필요하지

미안하다는 말은
털어내는 것이 아니라
마음에 심어 가꾸는 것

지질한 사람

이별을 말하는 너에게서
쿨하게 돌아서지 못하고
뒷모습을 바라보는
그런 네가 참 좋다

아무도 찾아내지 못하는
내 손가락의 작은 상처를
호들갑 떨며 챙기는
그런 네가 참 좋다

뭇 사람들은 지나쳐 간
옹달샘의 작은 세계를
탄성으로 호응해 주는
그런 네가 참 좋다

보잘것없고 변변치 못한
소소한 일상에서
행복을 말하며 사는
그런 네가 참 좋다

시시포스*

정상 가까이 도달한 돌덩이가
다시 굴러 내려갈 때
시시포스는
무엇을 생각했을까

돌덩이를 향해
다시 언덕을 내려가며
시시포스는
또 무엇을 생각했을까

앙다문 입속에
다시라는 낱말을 아작아작 씹으며
시시포스는
희망을 노래했을까

반복되는 일상의 찰나에
그려진 그림 같은 행복을
시시포스는
발견할 수 있었을까

---

* 그리스 신화의 코린트 왕 시시포스는 제우스에게 벌을 받아, 하데스가 다스리는 저승에서 언덕 정상까지 돌을 밀어 올리면 다시 굴러떨어지는 형벌을 영원히 반복한다

외로움은 행복

나에게 배고픔은
반드시 채워야 하는
의무의 결핍이지요

밖에서 쟁취하여
안으로 씹어 삼켜야 하는

나에게 외로움은
반드시 채워야 하는
결핍은 아니지요

오롯이 내게 집중하여
행복을 조각하는 시간

연륜年輪

패배가 짙은 전쟁터에서
투항한 자가 느끼는
홀가분한 휴식을
그대는 알고 있을까

꼬리를 물고 늘어진
상념의 굴레 그 끝을 찾아
움켜잡은 손의 여유를
그대는 알고 있을까

아름다움과 향기를 잃고
지난한 시간을 감내해야
열매가 되는 꽃의 역할을
그대는 알고 있을까

지구의 힘

살아있는 모든 것들에게
껍질만 잠시 빌려주고
강압적으로 떠넘기는
죽음의 선물

나에게만은
너무 아프지 않게
너무 길지 않게
온전히 나를 잊지 않게

먼 옛날부터 지금까지
언제 끝날지 모를
결코 끝나서는 안 되는
돌고 도는 중력이여

인정하기

돌아보면 쉬웠던 일이지만
닥치면 어려운
그 모든 일들에게

동그라미 밖으로 밀려나면
끝나는 게임에서
변두리로 밀려난 그 순간

볼품없이 휘청이며
중심 잡으려 애쓰지 말고
당당히 금을 넘어서는

오래 살아남는 자들이
잠깐씩 볼품없이
비참해지는 그 용기

추한 것이 아니라
살아내기 위한 하나의
위대한 방어책

쳇바퀴

쳇바퀴 안에서 뛰고 있는
햄스터 한 마리
뛰는 속도에 따라
더 빠르게 돌고
끝내는 속도에 굴복해
밖으로 나뒹굴고 마는
그 작은 생명

타성에 붙어 돌고 있는
틈새를 비집고
다시 뛰어오르는
무모한 도전을
용기라고 말하리라
나도 쳇바퀴 속에서
행복을 느끼는 유형이니까

자존自尊

너른 대지를
가로지르는 강은
소리가 없다

폭풍우가 몰아치면
얼굴은 찡그리지만
물길은 바꾸지 않는다

절화折花

기쁜 날에는
기쁨의 날개를 달아주는

슬픈 날에는
슬픔의 자장가를 부르는

나에게서 너에게로
너에게서 나에게로

유한의 시간 속에
의미를 싣고 나르다

지쳐버린 전령사
아름다운 도태여

차이점

여행길은
너무 즐겁고
더 나아갈 수 있어도
제자리로 돌아올
시간과 힘을 남겨 두는 것

인생길은
힘들고 어려워도
멈추거나 돌아올 수 없고
시간과 모든 힘을 집중하여
오로지 감사하며 걷는 길

귀로歸路

돌아갈 집에
불은 지르지 못하고
건넘 길의 징검돌 몇 개
풀숲으로 옮겨 놓았습니다.

좋은 곳을 향한 열망이
발걸음을 서두르게 했지만
몸은 떠나면서도
방마다 채워 놓은 마음들

허물어진 흙벽돌
틈새를 막아 내고 있는
거미줄에 걸려
팔랑대고 있는 기억 조각들

기억을 더듬어 찾아낸 징검돌을
제자리에 놓을 힘은 없지만
강 건너에서 바라보는 시간은
한참이나 계속됩니다

마음도 같아요

항상 닫혀있는 문이나
항상 열려있는 문이나
고장 난 건 마찬가지

도로 위 신호등이
통행엔 불편을 주지만
안전을 보호하듯

닫힘과 열림을
스스로 선택할 수 있어야
문이겠지요

러닝머신

러닝머신 위에서
아무리 뛰어도
그 자리를 벗어날 순 없지만
바닥으로 나뒹굴지 않으려
걷고 뛰기를 반복하다 보면
속도에 맞춰지는 몸

기계 위에 눈 뜨고 있는
선택의 스위치들
속도도 멈춤도
마음대로 할 수 있지요
힘들거나 싫으면
내려와 버리면 되잖아

덤

거실 창문에
집세도 내지 않고
무단으로 거주하는 거미들

깨끗한 들녘을 보고파
청소를 했어
말끔해진 하늘과 구름

아내의 칭찬은
덤으로 따라온다
덤이 더 실하다

태풍

내리는 폭우가
들녘의 꽃들을 피운다면
쏟아지는 빗물을
싫어할 이유가 없지요

태풍이 바닷속을 헤집어
깨끗이 청소를 한다면
바람이 지나가길
숨죽여 기다릴 수 있지요

그리움

화가가 아닌데
어쩌면 그렇게 똑같게
그려 낼 수 있을까

생각만 해도
선명하게 그려지는
그대의 그때 그 모습

삶의 앞잡이가 되어
수시로 오버랩되는
뭉게구름 한 조각

한여름 연가

선풍기가 절레절레
머리 흔들며
이 더위는 잊자고
부정하는 한낮

잎사귀 그늘 속에서
사과는 영글고
매미는 또 그렇게
짝 찾는 연가를 부르고

봄이 쉽게 갔듯이
여름도 쉽게 가리니
더위가 식기 전에
마음도 벗어 말려야지

무언無言

살면서 일어나는
수많은 사연들이
마구잡이 우연에 따라
결정되는 일이 많다는 걸
알아 버렸을 때

죽음이라는 것이
언제나 슬픔을 동반하지 않고
빠른 죽음이 느린 죽음보다
더 기다려질 때도 있다는 걸
알아 버렸을 때

착한 당신이 병상에 누워
달관의 미소를 지으며
손 인사를 할 때
생명 줄과는 관계없는 선과 악을
알아 버렸을 때

세상일

큰물이 지나간 강 마을에는
온갖 쓰레기들과
잠겼던 들풀들이
독성 가스를 뿜어내며
썩어 가고 있다

세상사 모든 일은
잘못을 위장하고
비난을 돌리기 위한
방법을 찾아 감추고
푹 썩어야 깨끗해진다

제 2 부

꽃씨

꽃씨

햇살 몇 줌
덜어 낸다고
표시가 나겠어요
바람 몇 줌
덜어 낸다고
방향이 바뀌겠어요

흙 몇 줌
덜어 낸다고
웅덩이가 만들어지겠어요
물 몇 줌
덜어 낸다고
물길이 바뀌겠어요

몇 줌씩 덜어 낸
햇살과 바람과 흙과 물을
마음에 담아 놓았어요

온전히 기다리면
당신이 꽃씨 하나
뿌려 주시겠어요
당신을 기억하게 하는
당신만의 꽃씨를
기다려도 될까요

쓰레기

고르거나 가리지 않고
쌓는 것에 익숙했던
욕심 많은 시간

지구의 껍데기에서부터
우주를 덮으며
쌓기에 몰두하는

삶을 위한 찌꺼기가
허울 좋게 무장하고
두껍게 내려앉는 이곳

나 하나가
세상에 내어놓고 가는
쓰레기는 얼마나 될까

보이는 것들과
보이지 않는
수많은 잡다한 것들

갈대의 매듭

몰락의 시대를 건너며
바람에 몸을 맡기고
윤슬로 빛나는 물결을
바라보는 당신은
아직 절망을 말하지 말아요

잡다한 것들을
모두 담기에는
터무니없이 작지만
당신 하나만은
온전히 가릴 수 있어요

시대의 흐름에 눈감고
자기만의 길을 걷는다고
함부로 말하지 말아요
내 것을 사랑하는 일이
고결한 이상이니까요

오류를 멋들어진
옷으로 위장하고
비난을 다른 곳으로 흘리는
그대의 멋진 인생에
나는 개의치 않겠어요

만능 키

톤 높은 당신의 목소리에
토를 달기 전에

꼭 잡고
마음을 돌리는

얼마 동안이나
함께할 수 있겠어

까치에게

겨누는 총부리를 피해
도시로 날아든 까치야

흑백의 조화로움 속에
청아한 노래로 아침을 깨우며
물 긷는 아낙에게 희망을 주던
그 모습이 잊혔다고
슬퍼하지 말렴

너의 총명함을 나누며 살기엔
세상의 그릇이 너무 작구나

옛이야기 속에서나 꿈틀대는
너의 전설을 기억하노니
도시의 가로등을 벗어날
회복의 날을 위해
다시 한번 날갯짓하려무나

힘든 일

산에 가서는
산을 바라보며
산을 느껴야 하는데
참 힘든 일이네요

바다에 가서는
바다를 바라보며
바다를 느껴야 하는데
참 힘든 일이네요

까무룩 잠들었을 때는
내가 나를 모르겠지만
벗어지지도 않고
잊히지도 않는 환영幻影

그리우면 그리운 대로
그대를 생각하기도
그만큼만 보고파 하기도
참 힘든 일이네요

조문弔問

어제보다 오늘이
오늘보다 내일이
더 힘들어지는 삶을
놓아 버린 사람 앞에 섰습니다

소리 내어 울지 않아도
절절히 슬플 수 있고
목메이게 슬프면
눈물도 말라 버리나 봅니다

그대의 선택이
옳을지도 모르겠다며
미소 짓는 그대의 침묵 속에
빈 술병만 늘어갑니다

삶의 비결秘決

낚싯줄에 매달려
뭍으로 끌려 나온 물고기가
마지막 살 수 있는 길은
더 심하게 팔딱거려
줄을 끊거나 입을 찢어
낚시를 빼는 일이다

인연의 끈에 매달려
허우적거리는 인간이
나답게 살 수 있는 비결은
스스로를 다독이며
고독 속으로 침잠하여
홀로서기 하는 일이다

묻습니다

그 슬픈 기억을 지워내면
그때의 고통도
함께 사라지나요

슬픈 일을 겪었지만
그때의 슬픔이
세상의 전부는 아니겠지요

그때는 무력했지만
내 전부는
아니었지요

계속 살아낸다면
지금보다 훨씬 성숙한
내가 되어 있을까요

이토록 잔혹한 세상에서
다시금 타인에게 손 내밀어
맞잡아도 괜찮을까요

두려움의 진실
-60대의 사색

지나가 버린 젊음이
뭐든지 가능했던
눈부신 시간만은 아니었지

세상에 처음
발을 내딛은 두려움과
홀로 가야 할 외로움

내가 지금 여기서
두려워하는 것은
지나간 젊음 때문이 아니지

너무나 과대평가된
그때 그 젊음이
춤추고 있는 기억 때문이지

너

조용히
듣다 보면
빠져드는
좋은 노래

생각하며
읽다 보면
빠져드는
좋은 시

이유 없이
그냥 좋아
빠져드는
너

미안해

유행과 상표에 굴복하여
마음에 들지 않는 옷에
몸을 구겨 넣고
너를 만난 그날

포개진 뱃살이 보내는
침묵의 아우성으로
신명 난 너의 말에
맞장구치지 못했어

안절부절못하며
끝내 붉어진 얼굴에
불편하게 해서 미안하다고
너는 일어섰지

너에게 미안하고
옷에게 미안하고
나에게 미안하고
오늘에게도 미안해

기회

아들이 하려는 일이
눈에 많이 거슬립니다

입속에 맴도는 말을 삼키며
걸고넘어지지 않았습니다

나이가 생각을
모두 옳게는 만들지 않아요

하려는 일이 잘되겠지요
아니 잘못되면 또 어떻습니까

아들은 아직 젊고
살아갈 날이 많이 남아 있습니다

스스로 살아 보려는 모습이
아름다운 희망입니다

가족

모든 게 항상
잘되리라는 것이
거짓이라면
모든 게 다
잘못된다는 것도
거짓이겠지요

어느 날엔가
그대가 맞이하게 될
가시밭길에서
힘들어 쓰러진다 해도
여전히 그대 곁에 남아
당신을 사랑할 사람들입니다

편견偏見

세상 사람들이 여우를
믿지 못할 교활한 짐승으로 본다면
굳이 다르게 보려고
애쓸 필요 없어

스스로 편견을 만들고
편견의 노예가 되어
허우적대는 인간과
그 인간들의 전유물

반짝이는 눈으로
가야 할 길을 밝히고
보송한 꼬리 흔들며
여우는 여우끼리 살면 되는 거지

물

추워서 웅크린 날에는
눈이라는 이름으로
포근하게 대지를 감싸고
추위가 사라진 날에는
비라는 이름으로
촉촉이 대지를 적시지요

눈은 눈으로
비는 비라는 이름으로
오래 머물지 못하지만
머물다 간 자리엔
대지의 이름으로
예쁜 꽃을 피워내지요

사랑이란

너무 작아서
잘 보이지 않는 사랑은
작은 것이 아니라
멀리 떨어져 있는 까닭입니다

가까이 다가가
풍덩 빠져들어도
사랑은 볼 수 없지요
사랑은 느낌이니까요

밖으로 내놓지 못한
사랑한다는 말은
이별을 만들기도 하지요
오감으로 표현하며 지내요

유행

오리가 다리만 짧은 줄 아시나요
오리는 목도 짧아요

홍학이 다리만 긴 줄 아시나요
홍학은 목도 길어요

오리는 짧은 것이 어울리고
홍학은 긴 것이 어울리지요

유행에 허덕이지 말고
나답게 균형 잡고 살아요

밤마실

강 마을에 어둠이 오면
실바람의 지휘에 맞춰
연주를 시작하는
풀잎 그리고 귀뚜라미

가는 풀잎이 현을 켜면
귀뚜라미는 노래 부르고
물오리는 잠꼬대하며
아기 고기를 쫓는다

제비꽃 1

토끼풀 사이에서
너를 발견하기 전까지
나는 장미꽃을
사랑하고 있었지

나이 든다는 것은
소박한 것에서
아름다움을 찾고
작은 것들을 사랑하는 일

시간을 멈춰 세우고
허리 숙여 눈 맞추면
수줍게 미소 지으며
품으로 안겨 오는 제비꽃

할미꽃

모진 비바람 속에서
꽃가루의 잉태를 위해
등줄기 구부린
그 할미꽃

홀로 세파世波를 헤치며
살아갈 나를 위해
등이 굽어 버린
우리 엄마

제 3 부

들꽃

들꽃

여기 있어서
예뻐
꺾어 가지 마

어느 곳에 놓든
지금보다
예쁘지 않을 거야

쓴소리

태양은 가만히 있고
둥근 모양의 지구가
둥글게 돌아가는데
뜨는 곳이 어디이고
지는 곳 또한 어디겠습니까

돌고 도는 인생길에서
밝은 곳에 머물 때
밝게 살아야
어두운 곳에 머물 때
마음 편하지 않겠습니까

마음의 창

마음 밖으로
내보내지 못한 슬픔은
언젠가는 꼭
더 큰 슬픔을 만들지

형체가 보이지 않던
상실이나 외로움이
시간에 편승해서
뚜렷해지기도 하고

그게 전부는 아니야
절망이라는 것도
내려놓을 수 있지
기대하지만 않으면

어쩌면 세상은
참 공평한 것 같아
나이 먹을수록
모두 같아지잖아

덜어 내기

슬픔은
눈물로
덜어 내고

고독은
사색으로
덜어 내고

사랑은
옹달샘처럼
덜어 내고

이 밤은
믿음으로
덜어 내고

기다림

잃어버렸다고요
요란 떨지 마세요
다시 채우는 일
자연은 말이 없어요

제각각 모서리를
귀퉁이에 달고 살다가
닳고 닳아 둥글게 되면
모두 비슷한 모양새가 되면

잃어버릴 것도
채워야 할 것도
붙잡을 것도 없어요
말이 없어져요 자연처럼

잎사귀

가는 줄기에 매달려
재롱부릴 땐
관심도 없었지요

햇살 그늘 만들어
쉼을 줄 땐
고마운 줄도 몰랐지요

이 가을엔
떠나가는 이를
슬픔으로 바라보지 마오

사랑

바다의 품이
아무리 넓어도
사람 하나 품지 못하지요

엄마의 품이
아무리 좁아도
나를 품고도 남지요

산사의 아침

이 멋진 산길을
바삐 걷는 그대여
뭐가 그리 급하신가
느린 걸음으로
주변 경치를 바라봐 주오

밤새워 꽃단장하고
하염없이 그대를 기다린
풀숲의 나무와 산새가
그대의 거친 숨소리에
놀라지 않게

시작도 끝도 없는
기다림의 상념에서 벗어나
발걸음에 안식을 달고
고요함 속에 동행하소서
그리하여 안주하소서

사람

만나 보지도 않고
타인의 말만 듣고
어떻게 판단할 수 있나요

몇 번 만나서
겉모습만 바라보고
함부로 판단할 수 있나요

평생을 함께해도
정말 알 수 없는 것이
그대 사람이라오

닮음

모두 내려놓고
물처럼 살라고요

막힘없이
바람처럼 살라고요

물도 바람도
환경에 맞추며 살아간다오

사람 사는 세상에서
사람처럼 살아간다오

다짐

한 번만 먹고
끝나는 것이 아니라
살기 위해서는
때맞춰 밥을 먹어야
살 수 있잖아

마음의 다짐도
한 번만 먹으면 안 되는 거지
허기질 때마다
수시로 챙겨야 되겠지
밥 먹듯 꼭꼭 씹으며

소원

가을 어느 날
상수리나무 열매가
조용히 똑

다람쥐 눈을 피해
퇴색한 풀숲에
숨어들 듯

날 좋은 어느 날
표 나지 않게
돌아갈 수 있기를

우산

아들과 손주가
함께 우산을 쓰고
앞서 걷고 있습니다

아들이 잡은 우산이
손주 쪽으로 많이
기울어져 있습니다

내 우산 속에는
나 혼자입니다
비바람이 붑니다

위로慰勞

깊은 상처가 있는 사람은
타인을 향해
섣부른 위로를
하지 않아

침묵하고 있다고
서운해하지 마
속으론 함께 울어
나도

62년생

화려한 봄날을
그렇게 갔지만

열정의 여름도
이미 지나갔지만

만족으로 가득 찬
내면에 물들어 있으니

그대여 웃고 즐겨요
모든 일에 감사하며

힘내요

길을 걷다
이정표가 없다는 건
갈림길이 없다는 겁니다

지금 이대로
쭈우욱 그대로
가기만 하면 된다는 겁니다

답정너*

나이가 가장 많다
묻는 말에
네라고 대답하지 않아도 된다

푹 담그지 못하고
언저리에 머물며
살아가는 그 하루

순응과 체념 사이에서
그네를 타며
그래그래

---

* 답은 이미 정해져 있으니 너는 대답만 하면 된다

미완의 시

화려하게 만개한
꽃보다
봉오리 진 모습일 때
더 아름답다
나는

어두운 밤을 환하게
비추는 보름달보다
어설픈 그림자를 만드는
상현달이 더 여유 있다
나는

쓰다 만 편지 같은
미완의 시
나머지는 당신이
마음대로 채워
뜻대로 하소서

뜨끔

바다는
시간의 채찍을 견디며
소금을 만들고

바위는
시간의 채찍을 견디며
대지를 만들고

강물은
시간의 채찍을 견디며
생명을 만들고

당신은
시간의 채찍을 견디며
무엇을 만들고 있나요

아기

날 좋은 가을날
아름다움을 만들고
꼭 고만큼의
흔들림으로 유혹하는
들꽃 그 들꽃들

꽃이 피어 있어도
단풍이 아름답게
물들고 있어도
사람 사는 세상에
아기의 웃음소리만 할까

어떤 슬픔

심장은 빠르게 뛰고
목은 타들어 가고
마음이 많이 아프다고
불안해하지 말아요

감성이건 연민이건
눈물이 나오려고
네 마음이 착해서
함께 울고 있는 것이니

제 4 부

나무의 여행

나무의 여행

나무는 평생 한자리에
머물며 살다가 죽는다고
함부로 말하지 마소

뿌리는 뿌리대로
미지의 깊은 땅속을
평생토록 탐험하고요

줄기는 줄기대로
푸르른 하늘을
넓히며 오르지 않소

떠날 수 있으면서도
맴돌이하고만 있는
인간이 어찌 알겠소

마음 길

굴복한 건지
끌어 올려진 건지
동반 추락한 건지
잘 모르겠지만
순응하니 마음이 편해

내 마음의 길을
찾아가는 방법은
혼자서 사색하는
독서의 힘을 믿어
옛말 틀린 말 없어

행복 찾기

객관적으로 정리될 수 없는
각자의 삶이기에
몇 마디의 명언에서
해답을 찾을 수는 없어요

자기만의 내면에
질문을 품은 채
내 안의 얼룩들과 친해지다 보면
수시로 찾아오지요

충고

가야 할 곳은 알지만
어떻게 가야 할지
알 수 없어서
반쯤 내키는 마음으로
살아내는 우리들

자신의 노래를
불러 보지 못하고
자기 안에 간직한 채
무덤을 향해 걸으며
탓만 하는 우리들

내 몸의 전부를
내 마음의 전부를
빗속에 내어놓고
푹 젖어 보세요
아, 용기입니다

살던 데서 살자

경치 좋은 시골에
알짜배기 땅을 사서
집을 지었습니다

수시로 풍기는
고기 굽는 냄새에
동네 개들이 아우성입니다

곡식이 익어가듯
가을 햇살에
토박이들도 늙어 갑니다

햇빛 가리개로
얼굴을 감추고
길을 나섭니다

말은 없어도
이방인에게 보내는
시선이 따갑습니다

빈자리

한때는
지는 꽃잎을 보며
슬픔에 젖을 때도 있었죠

한때는
낙엽을 바라보며
무상함에 빠질 때도 있었죠

한때는 정말 한때는
자연의 순리를
열정으로 덮을 때도 있었죠

지금은
떠날 때를 알고 떠나야
슬픔도 멈춘다는 걸 알지요

확신

안개가 짙다
아파트가 몇 층에서 끝나는지
이 길이 어디로 이어져 있는지
초행이라 알 수가 없다

하지만 두렵지 않다
높이는 정해져 있을 것이고
길은 이어져 있다는 걸
살아봐서 알고 있다

당신은 단단한 장벽도
끝내 밟고 올라설 것이고
불안한 미래도
미소로 맞이할 것을
살아 본 사람은 알고 있다

고백 1

넓고 복잡한 이 세상은
마음대로 할 수 없으니
하나밖에 없는
내 마음과 내 행동은
내 생각대로 사는 거다

실핏줄처럼 엉킨
골목의 입구마다
눈 부라리고 지키는
장승의 규범들에게
도전장을 내밀어 보는 거다

이렇게 살아 보지 않으면
내가 나에게
너무 미안해서
너무 안타까워서
새벽을 밝히며 글을 쓴다

텃밭을 가꾸며

작은 텃밭을 일궈
씨앗을 뿌렸다

내가 뿌린 씨앗과
자연이 뿌린 씨앗의 경쟁

호미의 날카로움으로 끝난
나의 한판승

모든 어린 것들에겐
타인의 손길이 필요한가 보다

뿌리 내릴 때까지
스스로 설 때까지

그런 날도 있었지

즐겁고 행복했던 날도
슬프고 힘들었던 날도
모두 같게 만드는
지나간 시간 속
그런 날도 있었지

지금 너무 힘들어도
시간이 지나고 나면
잘나고 못남이 없이
모두 같아질 거야
그런 날도 있었지

빛바랜 사진에
슬픔이나 괴로움을 담고
지금을 전하기에는
시간이 아깝지 않겠어
그런 날도 있었지

조각배

조각배에 몸을 싣고
바다에 나갔지
오고 가는 뱃길에는
멋진 경치를 보며
멀미를 하지 않았어

바다에 멈춰
파도 따라 끄덕일 때
몸속에 있는 것들을
모조리 게워 냈지
물속으로 뛰어들고 싶었어

그래서 그런가 봐
열정으로 움직일 때는
우울해할 시간이 없는데
몸이 멈춰 있을 때
마음이 끄덕이나 봐

마음 돌보기

마음을 돌본다는 건
대단한 다짐을 하거나
새로운 것을
찾는 것이 아니지요
고요한 침묵에
함께 머무는 것

주변에 널려 있는
소소한 것들과
눈 맞추며
인사 나누다 보면
마음도 제자리를 찾아
안주하는 것

어머니 기일忌日

누군가가
속말을 꺼내 놓았다

누군가는
조금 울었다

누군가는
달래며 함께 울었다

누군가는
술잔만 비워냈다

치유治癒

몸에 난 상처도
마음에 난 상처도
상처는 모두 과거

바꿀 수 없는 과거
잊히지 않으면
묻어 둘 수밖에

빗물에 파헤쳐져도
무감각해질 때까지
시간에게 기대며

막대자석

막대자석을 반으로 자르면
N극과 S극이 반으로
뚝 나누어질까요

아무리 잘게 부수어도
N극과 S극은
나눌 수 없지요

기대와 함께하는 실망과
사랑과 함께하는 미움
그 깨어짐의 극과 극

아무것도 기대하지 않고
그냥 사랑하다 보면
마음도 깨어지지 않겠지요

시작을 위하여

날이 밝아졌다
일어나야겠다
힘냈다

해맑게 씻었다
의미意味를 앞세웠다
잘했다

기적의 하루다
즐겁게 시작했다
암 그렇지

사랑 한 꼬집

사랑한다고 매달리는
어린 손주
유년의 기억은
대부분 사라진다고 한다

맞는 말이다
그래도 괜찮다
손주는 잊으라고 해라
내 머릿속에 각인되었으니

잡초

끼리끼리 서 있고
끼리끼리 누워 있고
끼리끼리 기대어 있고
끼리끼리 넘어져 있다
모두 제멋대로다

바람에 흔들리며 사는데
정해진 방향이 있겠어
힘 있는 데까지 저항하다가
굴복한 모습이지
모두 잘 살고 있는 거지

그대의 발밑에서 서걱인다고
너무 탓하진 말아주오
풍파에 흔들리다가
이 모양 이 꼴이 되어
이 방향으로 살아냈으니

양보

잎이 떨어진 자리
가만가만 살펴보면
작은 눈이 자라고 있지

나뭇잎은 줄기를
스스로 놓는 걸까
밀려나는 걸까

잘 크고 있는 손주
거추장스럽지 않게
적당히 밀려나야겠다

정답입니다

발목을 잡고
온새미*로 불편하게 하는
그 많은 일과
아주 큰 일 모두

다 지나간 일이고
지나갈 일이지
남은 건 오로지
승리한 당신입니다

---

* 가르거나 쪼개지 않고 생긴 그대로

허수아비의 비애悲哀

가을 들녘 한가운데
꼿꼿이 허리 펴고
참새 떼 쫓던
그 허수아비

가을 꽃밭 한가운데
옷 바꿔 입고
사람들 눈길 끄는
피에로가 되었구나

제 5 부

소년의 시간

소년의 시간

그때도 그 자리에
그렇게 오도카니 있었지
참 오랜만이네

바람은 머물고
새는 날개를 접고
햇살은 따사로웠지

사랑할 것들이
너무 쉽게 사라진다고
단정 짓지 마

어쩌면
모두 기다리고 있는데
너만 변했을지도 몰라

지혜로움

어두워지면
내 그림자조차
내 곁을
떠나 버립니다

얼굴엔 미소를
마음엔 사랑을
다독여 채워
내 몸의 불을 켭니다

비 오는 날

그리움 한 조각
품지 않고 살아가는
메마른 사람은 없지요

비를 좋아하는 사람은
애잔하고 슬픈
과거가 있대요

식물이 씻기듯
편리들을 꺼내어
조심히 닦아 봅니다

지금

결코 거부할 수 없는 것들에게
휘둘리며 살기엔
너무 억울하지 않겠어

지나간 과거
오지 않은 미래
그 모든 시간의 아우성

동토의 잡초들이
뿌리까지 모두
생명을 다한 것은 아니잖아

지금 그대의
들숨과 날숨에
감사하며 살면 돼

변심變心

나이 들어 갈수록
붙들고 싶은 낱말들
여유로움 무탈함
그리고 느림과 평상심

열정은 사라지고
특별함은 바라지 않지요
다만 변하지 않는 것은
사랑과 그리움

기준 정하기 1

고집스럽게
자신을 굳게 지키며
살아내야 할까요

변하는 세상에
순응하여 맞추며
살아내야 할까요

모두에게 다 맞는
하나의 진실은
찾을 수 없습니다

언제나
그 기준은
나 자신이어야 합니다

노인의 삶

그대가 넘어온
그 산은
그 자리에
그대로 있어요

지금 산을 오르는 자들이
바라보는 것들은
그대가 바라보며 넘던
그 길이 아닙니다

그러니 그대여
세월을 통과한 시선이라고
함부로 참견하지 말아요
지그시 바라봄으로 살아요

소문所聞

누군가의 입에서
꺼리지 않고 출발하여
당신의 귀까지 가는
한 줄의 문장이
좋은 낱말만 먹으며
배를 불렸으면 좋겠습니다

빵빵해진 배가 부풀어
마침내 터져 버린다면
당신의 세상은
좋은 말로 가득하겠지요
칭찬이 아니면
침묵해야 아름답습니다

가을 민들레

시월 중순입니다
낙엽 사이에 핀
민들레 한 송이
걱정을 안고
노랗게 웃고 있습니다

따뜻한 날에는
늘어지게 잠만 자다가
게으르게 피워낸
가을 민들레는
안타까운 아름다움입니다

기억記憶

시간의 오류를 찾아
왈가왈부하던
그때는 갔습니다

계절은 찾아냈는데
어느 해였는지
아리송하기만 합니다

그래도 참 행복합니다
아직은 당신과 함께한
계절을 잊지 않아서

멀어져야 보입니다

밟고 오르던
산언덕을
온전히 담고파
휘돌아 강 건너로 갔습니다

멀찍이 바라보이는 산은
커다란 바위를 품고 있고
골짜기에 둥지 튼
사찰도 다독입니다

품고 있는 생각과
둥지 튼 마음을 알려면
때때로 당신에게서
멀어져야 하겠습니다

한참의 시간이 지나
당신 품에 안길 때는
속속들이 당신을 알고
더 사랑할 수 있겠지요

기준 정하기 2

사람들은 좋은 것만
만들어 내지 않았어
좋은 것을 만들었는데
나쁘게 이용될 때도 많고

네가 의지하는 법도
기준이 고무줄일 때도 있고
다수의 횡포일 때도 많지
세상은 믿기 힘들어

좋고 나쁜 것
옳고 그른 것은
정해져 있지 않은 거야
기준을 정하기 나름이지

밝은 세상을 걸으며
피해 다니지 말고
살아가면 되는 거야
정직이라는 기준으로

가을비 오는 날

가을비 오는 날
우산 쓰고 길을 걷다
빗물에 젖은 낙엽을 보고
우울해하지 않기
나뭇잎이 너무 많아
울어 버릴지 몰라

육교 밑을 지나며
흠뻑 젖은 몰골로
눈치 보는 고양이에게
손 내밀지 않기
따라오면 걱정이지
나도 간신히 버티고 있는데

고수부지에 머문 가을이
젖어가는 모습을 보며
다짐하는데 절대로
한숨 쉬지 않기
내가 모르게 쉬는 숨은
나도 어쩌지 못해

제대로 알기

큰 산을 제대로 알려면
멀찍이 떨어져
여러 각도에서 조망하고
이곳저곳 오르고 내리며
속살을 잘 살펴야 하지요

그랬다고 다 안다고
말할 수 있을까요
시각에 따라 변하고
계절에 따라 달라지는
그 큰 산을 말입니다

나이 든 사람은
삶의 골짜기가 깊고
높고 높은 산이라
제대로 알기 힘들어요
그냥 허리 숙이며 살아요

문門

창호지 문에
손가락 구멍이 났네요

가을 햇살이
다투고 있네요

뭉텅 오갈 수 있도록
유리창으로 바꿔야겠네요

햇살도 사랑도
그 많은 사람도

갈대의 순정

온몸을 흔들며
비나리를 쳐도
하릴없이 꺾이고 마는
갈대의 순정

해맑게 화장하고
머묾을 구걸하지만
힘없이 무너져 내리는
모둠의 동반 추락

행복 만들기

기대하지 않았는데
이루어졌다면
행운이라 생각하겠지

바라지 않았는데
얻었다면
기쁨은 배가 되겠지

말하지 않아도
다 알고 있어
열심히 살아 낸 것을

둥지를 떠난 새가
집을 찾는 건
불완전한 이소

언제나 미소 지으며
끄덕여 줄 수 있잖아
다 지나갈 일인데

점

없던 점 하나가
얼굴에 생겼다

점 하나가 만드는
관계의 깊이

나와 너가
님이 아닌 남이 되려나 보다

스쳐가는 인연

함께 따라가지 못하고
눈바래기 하며
당신을 보냈어

당신을 바라볼 때
내게는 넉넉한 시간이
남아 있었거든

차에 오르기 전
당신은 눈길을 보냈지
슬며시 웃는 것 같았어

약속을 안 했는데
전화번호도 없네
만날 날이 있으려나

이웃

같은 상황을 놓고
서로 다른 선택을 하며
살아가는 우리들

화禍를 만드는 사람도
복福을 부르는 사람도
마주 보는 내 얼굴

시골 버스

정해진 길을 따라가지만
약속된 시간은 없다
멈추고
기다리고
천천히 가고

정류장에 사람이 없어도
골목길을 바라보며
멈추고
기다리고
천천히 가고

검은색 안경의 기사도
오르내리는 사람도
시계를 보지 않는다
살아 있어 감사한
모두가 이웃사촌

승객들의 남은 시간에
아름다움을 얹어주기 위해
좀 더 멈추고
좀 더 기다리고
좀 더 느리게 가길

제 6 부

가만가만 다가가요

가만가만 다가가요

잡을 때는
가만가만 조용히
다가가야 하지요

멀리 쫓을 때는
요란 법석 떠들며
소리쳐야 하지요

사랑을 잡고 싶고
행복을 잡고 싶으면
어떻게 해야 할까요

11월의 만남

겨울의 문턱에서
불편한 마음 없이
독감 예방 접종을 했어요
감기가 두렵지 않네요

당신을 만나러 가는 길
꺼리는 마음 없이
불신예방 접종을 했어요
만남이 편해지네요

눈을 바라보며
말속에 담긴
작은 의미 하나까지
모두 담아 볼래요

하루

대충 바라보면
모두 비슷한
하루의 시간

자세히 살펴보면
모두 다른
기적의 하루

과거를 품고
지금을 살며
미래를 믿는 그 하루

사이

눈과 눈
그 사이에는
진실로 채우면 되고

말과 말
그 사이에는
침묵으로 채우면 되고

너와 나
그 사이에는
정情으로 채우면 되고

만남과 만남
그 사이에는
믿음으로 채우면 되겠네

단풍

멀리서 보아야
곱지요
자세히 보면
상처가 보여요

어쩌면 그리도
똑같을까
나뭇잎이나 사람이나
바람맞은 상처가

신뢰

공중으로 던져진 아가가
까르르 웃는다
그 어린 것도
받아 줄 것을 알고 있다

세상에 던져진 당신도
웃으며 날아라
믿는 만큼 믿는 것이
꼭 받아 줄 것이다

조개껍데기

바닷가 모랫벌에
무수히 널려있는
조개껍데기
가만가만 살피며
예쁜 것만 골라 담았지

흘러간 인생길의
그 많은 사연들
그리운 것들만 골라
회상할 수 있다면
아, 날카로운 칼날이여

잘난 사람

옛날부터 그랬어
인류가 시작될 때부터
그랬을 거야
누구는 앞서 걷고
누구는 머물러 있고
뒤처진 누구도 있고

스스로는 몰라
자신이 앞서서 걷는지
머물러 있는지
다른 이보다 뒤처졌는지
그렇게 혼자서 잘났는데
앞뒤가 어디 있겠어

퇴직

배경음악이 꺼진
뮤지컬 무대라 해도
밤에 도착한
낯선 도시라 해도
두려워하지 말아요

눈을 끔벅이다 보면
자세히 보이고
천천히 걷다 보면
불을 밝히며
기다리는 곳이 있지요

살아봐서 잘 알고 있어요
서두를 것 하나 없는
여유로움과 그 느낌을
빈 의자가 있으면
꼭 앉았다 가면 된다오

고백 2

얼마나 남아 있는지
알 수는 없지만
나에게 남은 시간을 모두
아가의 마음으로
채우고 싶습니다

걸음마를 배우고
입을 열어 조잘대고
많이 많이 방긋대며
엄마의 마음을 사로잡듯
당신을 사랑하겠습니다

11월 그 산길

산길에 내려앉은
떡갈나무 잎사귀들이
밟히어 부서지는
참담한 아우성이
죄스러워 멈췄다

선다는 것은
밟는다는 것
흙이든 돈이든 당신이든
아니면 그 무엇이든
올라선다는 것이다

변명하지 말고 침묵하자
낙엽의 바스러짐마저
슬픈 노래로 연주하는 내가
밟지 못한 것에 대하여
올라서 보지 못한 곳에 대하여

노인정에 가거든

그즈음의 나이에
그런 외모를 하고
그런 몸가짐으로
그런 이야기를 하는
그런 사람들이라고
쉽게 말하지 말아 주오

처음부터 이길 수 없게
정해져 있는 싸움에서
패배했다고 해서
무모하다고 비웃거나
참담해하는 모습에
외면하지 말아 주오

오직 한 권밖에 없고
분량이 엄청나서
감히 선택하지 못한
비매품 소설의 줄거리를
작가에게 직접 듣는
행운을 잡아 보기 바라오

까르르

이 시대를 건너며
정상인의 나이가
점점 어려진다

깊게 골 패인
이념의 양극에
들이밀지 않고

권력에 지쳐
허덕거리는 사람들을
안타까워하지 않고

배부르고 품만 있으면
까르르 웃는다
어려져야 편하다

퇴근길

전조등을 밝히며
퇴근을 서두르는 사람들
어둠을 밝히는 빛이
얼마나 아름다운지
스스로는 모르지요

내게서 빛나는 빛은
타인들만 볼 수 있어요
새벽을 여는 불안함과
하루의 피곤함에서
빛나는 당신의 빛

가을날엔

어수선한 마음일랑
산길을 거닐며
낙엽에게 떠넘기고

불어난 생각일랑
먹으로 반죽하여
화선지에 뽑아내고

햇살 좋은 가을날
온전한 눈빛으로
단풍 마중 나가련다

고물

재활용 가게 고물들이
편안하게 다리 뻗고
끼리끼리 모여 앉아
재생의 길을 꿈꾸고 있다

등 굽은 할머니가
폐지의 무게를 달며
실랑이를 하고 있다
언제나 저울이 한판승이다

사임당의 미소로
손수레를 가득 채운다면
할머니는 얼마나
더 살 수 있을까

삐거덕거리며
손수레는 느리게 가고
가벼운 소리를 내며
동전은 뒤를 따른다

책임에 대하여

옳고 그름이
아귀가 맞지 않아
삐걱거리며 도는 세상
그 세상에
익숙해질 때쯤이면
몸뚱이도 닮아 간다

하릴없는 기다림을 붙잡고
평생을 살아온 그녀의
마지막은 생각지 말자
모두들 알고 있지만
침묵하는 것에 대하여
함께 모른 척하면 되는 거다

조용히 내려앉아
바스러지는 나뭇잎처럼
어쩌면 우리는
때를 알고 사라져 주는 것이
마지막 책임인지 모른다
세상에 베풀 수 있는

거울의 말

입을 앙다물지 말고
힘을 뺀 입술 사이로
고운 말을 꺼내 놓으면
세상이 조금 더
아름다워지겠지요

눈꼬리를 살짝 올린
당신의 동그란 눈은
바라보는 사람에게
희망을 실어 나르며
미소 짓게 할 거예요

갈 수 없는 길

떡갈나무 사이로
햇살이 숨 쉬는
계절이 오면

잎사귀 하나하나에
바람을 매달아
그대에게로 띄우고파

어김없이 찾아온
그 계절의 그날
낙엽은 혼자 내려앉네

제비꽃 2

어찌 알 수 있었겠어
뿌리 내린 곳이
공사장 나들목일 줄

짓밟히다 못해
뿌리까지 뽑힐까
마음 졸인 나날이었지

좌절과 포기의 유혹에
반항하며 끝내
꽃대를 올렸어

낙엽들이 모여
바람을 막아주어
그리 춥지는 않아

너무 늦었나 봐
벌도 나비도 사라진 계절
씨앗은 만들지 못할 것 같아

이 계절에
꽃을 피운 것만도
행복인 거지

바라지도 말고
기대하지도 말고
꽃으로 살다 가야겠어

노파老婆

꾸밈새 없이
바깥세상을 활보해도
사내들의 눈길에서
안전을 보장받는 여인
체념도 함께하겠지요

겉과 속이 같은
자아에 의미를 심고
더 솔직히 자신을
사랑하며 사는 여인
모정母情은 잊지 않았지요

꽃묶음

젊은 부부 사이에는
아장아장 걷는
아기가 꽃이다

중년 부부 사이에는
꼬옥 맞잡은
두 손이 꽃묶음이다

새

날개를 펼쳐
창공을 날던 새가
대지로 내려오면
접은 날개는
스스로를 품는다

자신을 품에 안아
따뜻함으로 다독이며
다시금 날아오를
그날을 위해
날개는 의미를 잉태한다